AF260031

DES DOUANES

ET

DES COLONIES.

OBSERVATIONS

PRÉLIMINAIRES

A LA DISCUSSION DE LA LOI DANS LES DEUX CHAMBRES.

A PARIS,

DE L'IMPRIMERIE DE C. J. TROUVÉ,

RUE NEUVE-SAINT-AUGUSTIN, N. 17.

1822.

OBSERVATIONS
PRÉLIMINAIRES

A LA DISCUSSION DE LA LOI DANS LES DEUX CHAMBRES.

DEPUIS long-temps les colons français élèvent en vain la voix contre les dispositions de notre législation commerciale à leur égard : depuis long-temps ils signalent en vain la cause de leurs désastres et de la prochaine destruction de nos établissemens d'outre-mer.

Le commerce maritime des principaux ports reconnaît la justice de leurs plaintes, et les seconde autant dans l'intérêt particulier des négocians que sous le rapport d'intérêt général, et pour la prospérité publique. Cependant, qu'en est-il résulté? On les a, d'année en année, constamment repoussés, tantôt avec aigreur (1), tantôt avec ironie (2), toujours avec l'odieuse rigueur d'une injuste fiscalité.

(1) C'est trop d'une demande au moins, disait M. de Saint-Cricq, à la tribune, le 27 avril 1820, en réponse aux réclamations des colons, tendantes à obtenir la prohibition conditionnelle des sucres étrangers et une réduction de droit sur leurs propres sucres : ses conclusions furent qu'il ne fallait accorder ni l'une ni l'autre.

(2) Est-il un impôt *plus doux* que celui sur les sucres, disait à la même occasion M. Roy, alors ministre des finances.

N'espérant plus de soulagement, ils voyaient le mal s'aggraver et toucher à ses dernières conséquences, sans que personne (tel était le découragement général!) songeât à renouveler d'inutiles réclamations.

Mais lorsque le nouveau ministère se forma, toutes leurs espérances se réveillèrent.

L'homme d'État qui allait se trouver particulièrement chargé de la protection que la France doit à ses colonies, inspirait, par son honorable caractère, la juste confiance que cette protection leur serait accordée franchement. Celui qui, ayant les Douanes dans ses attributions, allait se trouver encore plus spécialement appelé à prononcer sur leur sort, avait donné dans la session précédente des témoignages publics de sa sollicitude et de son intérêt à leur cause. Le conseil et les chambres allaient donc enfin les juger sans prévention, avec impartialité, hors de toute influence d'intérêts particuliers, et seulement d'après des considérations d'intérêt général.

Il n'y avait plus à hésiter : ceux qui précédemment s'étaient portés les défenseurs de la cause coloniale, crurent devoir renouveler leurs réclamations auprès du gouvernement.

Admis à les discuter avec M. le directeur général des Douanes, ce dernier parut accueillir leurs griefs, mais n'adopta point les moyens qu'ils ugent les seuls propres à y remédier (1).

---

(1) La conférence à ce sujet eut lieu le 6 janvier dernier, entre M. le comte de Saint-Cricq, d'une part ; MM. le duc de Fitz-James, pair de France, le comte de Sesmaisons et Revellière, membres de la Chambre des Députés, et Formont, maître des réquêtes, d'autre part.

Ils crurent devoir insister et développer leurs motifs dans la note ci-après, qui n'est qu'un résumé de leur discussion.

Paris, 12 janvier 1822.

« Les Colonies, depuis long-temps opprimées par notre système de législation commerciale, exposent :

« 1° Que, de l'aveu du ministère de la marine et de celui de l'administration des Douanes, elles produisent assez de sucre pour la consommation de la métropole ;

« 2° Qu'il est de l'intérêt commun que ces sucres soient consommés avant tous autres, quand même ils ne compléteraient pas nos besoins ;

« 3° Qu'il est encore dans l'intérêt de l'État et dans la justice due aux établissemens nationaux, de faire prospérer les colonies qui nous restent, puisque leur prospérité se lie à celle du commerce, de l'industrie et de l'agriculture ;

« 4° Qu'on a dû espérer conséquemment que la législation serait combinée de manière à atteindre ce but ; et que le premier moyen qui se présente, est de repousser les sucres étrangers, afin de pouvoir maintenir en rapport la taxe imposée sur les sucres français, avec la valeur réelle de cette denrée ;

« 5° Qu'au moment où cette taxe fut portée à 24 fr. 75 c. par 50 kilog., les sucres ne valaient pas moins de 90 fr., tandis qu'ils s'élèvent à peine aujourd'hui à 60 fr., lorsque cette taxe est restée la même ;

« 6° Qu'au lieu de la préférence qui leur était

due par tous les moyens propres à l'assurer, les marchés de France ont été constamment ouverts aux sucres étrangers, non-seulement par l'insuffisance du droit dont ils sont frappés en général ; mais encore par le privilége inexplicable dont ont joui les sucres de Manille et de Cochinchine, admis aux deux cinquièmes du droit imposé aux sucres français de qualités égales, et par la faveur non moins extraordinaire accordée aux provenances de Saint-Domingue, considérées comme françaises ;

« 7° Que cette concurrence a dû produire et a produit en effet une baisse désastreuse, qui ruine l'agriculture coloniale, et qui a trompé tous les calculs du commerce de France ;

« 8° Enfin, que le seul remède à cette situation déplorable, est de prohiber les sucres étrangers, tant que ceux de nos colonies n'auront pas recouvré une valeur proportionnée au tarif qui leur fut imposé lorsqu'ils se payaient 90 fr. ; mais que cette mesure tardive ne pouvant produire son effet que progressivement, il est indispensable d'en faciliter le succès par une diminution immédiate et temporaire du droit, seul moyen d'arrêter l'excès du mal qui touche à ses dernières conséquences.

« A ces griefs et à ces propositions, M. le directeur général des Douanes répond : Qu'il reconnaît l'urgente nécessité de venir au secours des colonies ; qu'au taux actuel des sucres, il est évident que leur agriculture ne peut se soutenir ; qu'en conséquence les modifications qui seraient apportées à cet article de la loi des Douanes, devraient avoir pour objet de faire hausser le prix des sucres français ; mais qu'il pense ne pouvoir proposer d'autre moyen que d'augmenter les droits sur les sucres étrangers, en les calculant de manière qu'ils ne puissent entrer en concurrence avec les nôtres.

« Il avoue que le moyen proposé dans l'intérêt des colonies est plus absolu et plus efficace; mais que l'autre aurait le même effet, parce que l'augmentation agirait comme une véritable prohibition, tandis que la prohibition textuelle, soit absolue, soit conditionnelle, ne serait pas sans inconvénient, tant sous le rapport de l'opposition qu'elle pourrait faire naître dans les Chambres, que sous le rapport de quelques considérations administratives, attendu que nos colonies fournissent bien à peu près l'équivalent de nos consommations en sucre, mais qu'il est dans l'ordre des événemens possibles, que cette quantité se trouve momentanément insuffisante.

« Nous avons donné toute notre attention à ces allégations de M. le directeur général; elles ne nous ont point convaincus.

« S'il reconnaît que le remède est indispensable, pourquoi ne pas recourir à celui qu'il juge lui-même devoir être le plus efficace? Et s'il pense que l'augmentation de droit sur les sucres étrangers, doit agir comme une véritable prohibition, pourquoi s'effraierait-il d'en prononcer une textuelle? L'opposition que l'on suppose devoir rencontrer dans les chambres, ne se fondant que sur des intérêts privés, elle pénétrera trop aisément le but qu'on se propose, pour s'y méprendre. Si au contraire cette augmentation ne produit pas l'effet d'une prohibition, elle est illusoire.

« Or nous pensons qu'elle n'agira pas comme prohibition, parce que la présence, dans nos entrepôts, de sucres qui pourraient entrer à volonté dans la consommation, produira toujours l'effet moral de la concurrence que l'on voudrait détruire. Et c'est précisément cet effet moral qu'il faut com-

battre, pour arriver à la hausse reconnue nécessaire. Cette considération fut présentée dans la
discussion sur les grains, et elle ne fut contestée par
personne. On pourrait citer de nombreux exem-
ples, et notamment ce que la Douane a été obligée
de faire elle-même à l'égard des sucres raffinés
étrangers, pour prouver qu'une prohibition effec-
tive est le seul moyen d'écarter les dangers de la
concurrence, soit qu'elle arrive par les voies léga-
les, soit qu'elle résulte de la contrebande.

« Quelle garantie d'ailleurs aurions-nous que
la différence du droit sur les sucres étrangers,
aujourd'hui suffisante, le fut encore demain, pour
empêcher ces sucres d'entrer dans notre consommation? Il est de fait qu'il y a surabondance de
cette denrée sur tous les marchés de l'Europe:
ainsi la force des choses peut amener une baisse
qui détruirait toute l'économie de notre loi et
viendrait encore une fois bouleverser toutes nos
places de commerce. Cette même surabondance
offre une garantie certaine contre l'insuffisance
éventuelle des approvisionnemens provenant de
nos colonies.

« Il nous semble que M. le directeur-général
n'a pas changé de système sur le fond de la question; il la subordonne aux vues du ministère;
mais les mesures qu'il propose ne seraient que de
vains palliatifs. Nous en serions donc bientôt réduits à recourir à de nouveaux moyens, lorsqu'il
s'en présente un sûr, définitif, qui agirait puis-
samment et avec fixité, dans une matière où rien
de variable ne doit exister.

« Il ne s'agit que de fixer une limite de prix, au-
dessous de laquelle les sucres étrangers n'entre-
ront pas dans notre consommation; et de réduire
passagèrement le droit actuel sur nos sucres pour,

rétablir l'équilibre qui n'aurait pas dû être rompu. Ainsi, par un heureux concours de circonstances que toute administration financière chercherait à créer, s'il n'existait pas, nos produits sont dans un si juste rapport avec nos besoins, que l'agriculture coloniale et le commerce de la métropole peuvent fleurir, en même temps que le trésor taxerait ces produits, pour ainsi dire, à volonté, tant que la consommation et les prix se soutiendraient. »

Des doutes s'étant élevés sur quelques points de cette note, on s'empressa de les éclaircir par de nouveaux développemens que l'on croit devoir également rapporter.

17 janvier 1822.

« L'importance de la question que nous avons discutée samedi dernier, nous fait espérer qu'on nous pardonnera de revenir encore sur le même sujet par quelques observations additionnelles à celles dont nous avons laissé copie.

« On a établi qu'il y avait trois intérêts à satisfaire, celui des colonies, celui du commerce et celui du trésor. On a reconnu que le moyen proposé par nous satisfaisait au premier point; qu'il paraissait également satisfaire au second, parce que les intérêts bien entendus du commerce se lient au système de la prospérité coloniale; mais on craint qu'il n'y ait du danger pour le trésor à prononcer, contre les sucres étrangers, une prohibition même conditionnelle, parce que d'abord elle pourrait porter atteinte à la consommation, ce qu'il faut par dessus tout éviter, même dans l'intérêt colonial ; en second lieu, parce que la crainte réelle ou imaginaire de voir arriver une hausse exagérée pourrait faire rejeter la proposition par les chambres. Nous croyons qu'on a entendu aussi, quoique cela n'ait pas été exprimé d'une manière explicite, qu'il fallait de plus considérer si la prohibition textuelle des sucres étrangers ne créerait pas quelques entraves dans les rapports de commerce de la France avec l'étranger.

« Il nous semble qu'on peut répondre : Que l'intérêt de l'Etat est la véritable mesure de l'intérêt du trésor, et par conséquent que si la prospérité coloniale tourne au profit de l'Etat, comme il ne paraît pas possible d'en douter, elle doit aussi tourner au profit du trésor ; que l'étendue d'une consommation quelconque est bien sous quelques rapports la mesure de l'importance, pour le fisc, de l'impôt qu'elle supporte ; mais que le véritable mérite d'une taxe, résulte plutôt de la possibilité de la perpétuer, que d'une recette plus ou moins élevée qu'elle serait momentanément susceptible de produire. Ainsi des sucres de l'Inde, achetés par du numéraire, coûteraient beaucoup moins cher que des sucres français obtenus par des échanges et par du travail seulement : en ne consommant que des premiers, le droit pourrait s'élever, et cependant la consommation se soutenir ou même augmenter, puisque le consommateur l'obtiendrait encore à plus bas prix que le sucre français. Voilà donc momentanément le trésor gagnant par le taux du droit et par l'étendue de la consommation ; mais il est évident qu'un tel état de choses ne pourrait durer long-temps, et l'exportation annuelle du numéraire nécessaire pour payer le sucre que la France consommerait, l'aurait bientôt mise hors d'état d'en consommer. Il n'est donc

pas indifférent pour l'État, de consommer tels ou
tels sucres; et par conséquent la plus haute taxe possible sur cette denrée ne serait pas la plus profitable au trésor; de même que la consommation la
plus étendue qu'on en feroit, pourrait n'être pas la
plus avantageuse. Pour qu'il en fût ainsi, il faudrait que cette consommation se restreignît aux
denrées de l'espèce produites par le sol national,
ou échangées contre produits nationaux : or l'on
sait qu'une telle condition ne se trouve que dans
les rapports de commerce d'une métropole avec
ses colonies. Il y a donc une limite naturelle à la
faveur qu'il est permis d'accorder à la consommation du sucre, c'est le prix auquel la production
peut avoir lieu. Voilà le principe du système que
nous avons développé, et d'où découlent toutes
les conséquences que nous en avons tirées.

« Quant au dernier point relatif aux entraves
que la prohibition textuelle des sucres étrangers
pourrait jeter dans les relations extérieures du
commerce français, les observations ci-dessus y
ont répondu en ce qui touche aux intérêts nationaux, et nous ne pensons pas que la France doive
se placer d'elle-même dans une plus fâcheuse position que les autres puissances commerciales.
L'Angleterre ne consomme point les sucres du
Brésil. Que ce soit le résultat d'une prohibition
ou d'une surtaxe considérable, c'est un fait. Pourquoi nous croirions-nous obligés de le faire? Pour
obtenir les concessions que nous pouvons avoir intérêt de réclamer, nous avons bien d'autres motifs
à faire valoir. Déjà la France importe de toutes les
contrées étrangères, qui fournissent du sucre, plus
de valeurs qu'elle ne leur en fournit : la preuve en
est dans l'exportation du numéraire et dans les taux
du change avec ces divers pays. Serait-il d'après

cela raisonnable d'augmenter encore la somme de ces importations, par l'addition d'une quantité quelconque de sucre qu'il faudrait, en définitif, payer en argent ; car quelque part qu'on veuille établir les échanges, ce sera toujours en Asie, où le sucre est au plus bas prix, que la question se résoudra. »

La question générale présentée de cette manière se divise nécessairement en deux parties. La première est une question d'Etat :

Est-il convenable, est-il avantageux pour la France de conserver ses colonies (1) ?

Cette question se résout par des considérations de politique et d'économie publique, embrassant tout à la fois les intérêts de l'agriculture, du commerce et de l'industrie. Elle a été, dans les Chambres et hors des Chambres, traitée si complètement, que nous n'entreprendrons pas de la discuter ici de nouveau. Nous nous bornerons à rappeler qu'il a paru incontestable à tout le monde :

---

(1) La grande prospérité des colonies sous le gouvernement de nos rois, tous les désastres qu'elles ont éprouvés par la révolution ; les sacrifices immenses qu'elles ont faits, et la lutte qu'elles ont courageusement soutenue à toutes les époques, pour se conserver à la France ou pour repousser la révolution et les gouvernemens usurpateurs qui se sont succédés dans la métropole, ne permettent pas de mettre en doute le dévouement des colons à la monarchie des Bourbons, et leur vœu unanime de rester Français. Il n'existe pas de pouvoir qui ait le droit de les séparer de la grande famille. Ce serait donc encore un devoir de conserver ces colonies, alors même qu'il n'y aurait pas d'intérêt à le faire.

Que s'il existait des hommes capables de spéculer sur

Que sous le rapport politique, la France doit à sa propre dignité de conserver toutes ses possessions, de se montrer toujours forte, de maintenir sa puissance extérieure et de tendre continuellement à reprendre l'influence maritime qu'elle est, par sa position géographique, appelée à exercer; quelle ne doit, par conséquent, jamais abandonner ses colonies;

Que sous le rapport d'économie publique, nos colonies sont utiles à notre agriculture; qu'elles sont indispensables à notre commerce et surtout à notre navigation; qu'elles sont susceptibles d'accroître considérablement notre prospérité nationale.

Cette première question résolue d'une manière affirmative, la seconde arrive naturellement; mais ce n'est plus qu'une question d'administration :

Quelles mesures législatives et administratives la France doit-elle adopter pour conserver, pour faire prospérer ses colonies?

Pour résoudre cette question, il ne faut que constater des faits, apprécier des circonstances de

---

l'idée d'en faire prononcer l'abandon par la métropole, qu'ils aient le courage de le proposer, qu'ils fassent valoir leurs motifs, les colons répondront, et la France jugera. Mais si, dissimulant leur but et n'osant avouer leurs intentions, ils préfèrent recourir à des sophismes pour accréditer des doctrines subversives de la prospérité nationale, pour perdre nos colonies, en faisant rejeter les conditions inséparables de leur existence, tout en proclamant la nécessité de les conserver, ils pourront bien fausser momentanément l'opinion publique et tromper la religion du gouvernement; mais la voix de ceux dont ils auront consommé la ruine fera tôt ou tard triompher la vérité, et ils n'échapperont point à la honte qui les attend.

de temps et de localité , chercher à reconnaître , dans le mal qui existe , les causes qui l'ont produit , pour y apporter le remède nécessaire.

Mais c'est principalement sous le rapport de la législation commerciale qu'il est important de considérer la question. Nous allons donc examiner l'exposé, présenté par M. le directeur général des Douanes , des motifs du projet de loi communiqué par son Exc. le ministre des finances , le 19 janvier dernier.

Le gouvernement pose en fait qu'il doit , qu'il veut conserver nos colonies ; il a donc résolu affirmativement et d'une manière positive la question que nous avons indiquée comme question préalable. Il reconnaît en effet combien nos colonies sont utiles ; mais il serait à desirer dans leur intérêt que cette question eût été décidée d'une manière encore plus explicite ; que le développement des motifs eût embrassé, indépendamment des considérations générales d'intérêt politique , celles d'économie publique ; qu'il eût été démontré et consacré en principe qu'une métropole, en faisant prospérer ses colonies par un régime réciproquement exclusif, satisfait aux intérêts de l'agriculture , du commerce et de l'industrie (1) ,

---

(1) L'intérêt des raffineurs, relativement à l'exportation de leurs produits, est le seul intérêt d'industrie que les antagonistes du système colonial aient opposé aux réclamations des colons. — Nous n'examinerons point ici la question de savoir s'il est possible, s'il est raisonnable de prétendre lutter, pour la vente des sucres raffinés , sur les marchés étrangers, avec telle nation chez qui la matière première serait, dans tout état de cause, à meilleur marché , et la fabrication pas plus chère que chez nous.

Nous nous bornerons à dire que beaucoup de raffineurs ont senti comme nous que la prohibition des sucres étran-

sans préjudicier à ceux des consommateurs, qui trouvent dans la circulation et le travail qui en résultent, une ample compensation à la surenchère des denrées coloniales.

La question ainsi discutée et résolue, tous les doutes cessaient, toutes les inquiétudes étaient dissipées; et l'opinion publique, irrévocablement fixée sur les conséquences nécessaires des motifs du projet de loi, eût reconnu que le gouvernement n'est que raisonnable en soi et juste envers tous, lorsqu'il propose, comme il le fait, d'une manière absolue, de conserver nos colonies.

Cette détermination est en effet le résultat de l'opinion énoncée par le Gouvernement, et bien qu'il nous reste le regret qu'il n'en ait pas plus explicitement développé les motifs, nous partirons de ce point, pour examiner si les moyens qu'il

---

gers de notre consommation, leur serait plutôt favorable que préjudiciable. — Ce sont les belles qualités de *Terrés* ou celles qualifiées *bruts blancs de l'Inde*, qui entrent le plus dans notre consommation et qui luttent avec avantage contre les premiers ou seconds produits de nos raffineries, tandis que la presque généralité des sucres de nos Colonies, tant bruts que terrés, passent à la fabrication dans ces mêmes raffineries.

C'est ici le lieu de faire remarquer qu'elle est la mesure de l'intérêt que la France peut avoir, dans les circonstances actuelles du commerce de l'Europe, à posséder des colonies. Elle ne peut en espérer d'autre avantage que de subvenir par elle-même à sa propre consommation de denrées coloniales : elle ne doit plus prétendre à en fournir à l'étranger, puisqu'il est des contrées quelle ne possède pas, qui en produisent à meilleur marché que ses colonies. Ce débouché intérieur, au reste, est tel que la France consomme annuellement pour des sommes énormes de productions étrangères, qu'elle pourrait trouver chez elle en encourageant son agriculture coloniale.

indique sont susceptibles de le conduire au but qu'il s'est proposé.

Dans l'exposé des motifs du projet de loi, M. le directeur général des Douanes, organe du gouvernement, reconnaît : « que nos colonies ne » pourraient rester françaises si leurs produits ces- » saient d'être reçus avec faveur sur le marché de » la France ». (*Page* 35.)

« Que la liberté de commerce dans ses condi- » tions données (on veut dire sans doute la levée du régime exclusif de part et d'autre) serait leur » arrêt de mort». (*Page* 36.)

« Cependant, dit-il , ceux qui demandent la » libre concurrence sur les marchés français des » sucres de toute origine, ne demandent pas appa- » remment que la France renonce à ses colonies. » Ils en reconnaissent trop l'importance, ils savent qu'à ces possessions, « se rattachent de trop grands » intérêts de puissance extérieure, de sûreté et » de garantie pour les relations générales de notre » commerce avec les deux mondes». (*Page* 35.)

» L'on se trompe en effet quand on affirme » qu'en fermant la porte aux sucres étrangers, » nous gênons des exportations qui en seraient le » prix.» (*Page* 37.) M. le directeur général le démontre à l'évidence, en prouvant que déjà dans toutes les contrées qui produisent des denrées co- loniales, sauf les colonies qui nous restent, notre commerce a principalement pour objet des im- portations qui se soldent par de fortes exporta- tions de numéraire. (*Page* 37, *et tableaux an- nexés au projet de loi.)*

M. le directeur général a raison dans tout ce que nous avons cité de lui; mais après avoir jus- tifié les principes qu'il a posés, il n'en a pas dé- duit les conséquences naturelles. Non-seulement nos colonies ne pourraient rester françaises, si leurs produits cessaient d'être reçus avec faveur sur les marchés de la France ; mais elles ne le peuvent qu'autant que leurs denrées y obtiendront, à la vente, le prix reconnu nécessaire pour la production, parce qu'elles ne peuvent exister que sous cette condition.

En effet nos colonies, dans le but qu'on s'en est toujours proposé, sont des établissemens agricoles ; mais une culture quelconque ne peut se maintenir qu'autant que ses produits rendent au cultivateur ses frais d'exploitation et l'intérêt de son capital.

Il faut, donc à l'égard du sucre, reconnaître d'abord quel est ce prix nécessaire ; sans cela nul moyen de sortir du cercle vicieux dans lequel jusqu'ici la discussion s'est maintenue.

La question se trouve par-là ramenée à sa plus simple, à sa seule véritable expression.

M. de Saint-Cricq est trop versé dans la science de l'administration commerciale, pour n'avoir pas senti depuis long-temps que la question relative à la mesure de protection due aux sucres de nos colonies, ne pouvait se résoudre qu'en déterminant préalablement quel était le prix nécessaire à la production de cette denrée ; mais, sans doute que, dans sa vive sollicitude pour le fisc, il craignait les conséquences d'une telle manière de raisonner, car la discussion n'avait jusqu'ici jamais pu prendre cette direction naturelle. La force des choses et la suite des argumens dont M. de Saint-Cricq a fait usage, l'ont toutefois conduit, comme malgré lui, à poser le principe ; mais il a cherché ensuite à en éviter les conséquences. Il faut donc l'y ramener.

M. le directeur-général des Douanes, parlant

au nom du gouvernement, établit à 3o fr. aux lieux d'origine, ou à 5o fr. dans les entrepôts de France, le prix nécessaire pour les sucres de nos colonies. Nous avons démontré ailleurs qu'il devrait être de 6o fr. (1) ; le rapport de la commission le reconnaît également : il en résulterait donc que ces sucres devraient valoir, sur nos marchés, 85 fr. droits compris, et si on veut bien remarquer que 90 fr. était le prix commun des sucres bruts de nos colonies, lorsqu'en 1816 le droit actuel fut fixé à 24 fr. 75 c. , on reconnaîtra la parfaite coïncidence de toutes ces données, et la justice des réclamations formées par les colons.

Cependant des sucres qui devraient valoir, au moins, 85 fr. , n'en valent que 6o (2). Il faut donc en conclure qu'il est indispensable de les faire augmenter de 25 fr. par 5o kil. , ou de combiner l'augmentation que l'on pense pouvoir obtenir, avec une diminution proportionnelle sur le droit, de manière à atteindre ce but.

Qu'a fait la loi pour cela ?

Elle propose d'augmenter le droit sur les sucres étrangers de 11 fr. par 5o kil.

En voilà plus qu'il n'en faut pour prouver l'insuffisance des moyens proposés pour atteindre le but avoué de la loi, puisqu'en admettant que l'augmentation de 11 fr. sur les sucres étrangers se reportât en entier sur les sucres français, le déficit serait encore de 14 fr. par 5o kil.

---

(1) *Observations sur l'état de nos Colonies, dans leurs rapports avec la métropole.* Juin 1820.

(2) M. le directeur général les porte à 62 fr. 5o cent. ; mais il est facile de vérifier, ce qui a été prouvé à la commission, que le prix actuel des sucres de moyenne qualité ne s'élève pas à 6o f. Nous l'avons porté à ce taux, pour éviter toute controverse.

La commission propose de porter plus haut cette augmentation de droits : en cela, elle a un peu plus que M. le directeur général des Douanes proportionné les moyens qu'elle voulait employer à l'effet qu'ils devaient produire ; mais encore sont-ils tout à fait insuffisans : nous allons le démontrer (1).

Les sucres de nos colonies paient, par 50 kil., les droits suivans, décimes compris :

Les bruts . . . . 24 fr. 75 c.

Les terrés de toutes nuances . . . 38 fr. 50 c.

Les sucres de l'Inde paient, par 50 kil., et décimes aussi compris :

Les bruts . . . . 33 fr. » c.

Les bruts blancs et terrés autres

---

(1) Il est difficile de se rendre compte des motifs qui ont pu décider la commission à s'arrêter aux moyens qu'elle propose, pour venir au secours des colonies. Rien de plus clair, de plus précis, de mieux entendu que les principes qu'elle a posés : L'application en devenait aussi facile qu'elle était naturelle. Elle a été faite dans toute son extension relativement aux fers : pourquoi ne l'a-t-elle pas été de même relativement aux sucres ?

Que si la commission a été, comme l'indique le rapport, unanime sur le premier point, et divisée sur le second, il en résulterait que les mêmes personnes ont voulu que justice entière fût faite aux propriétaires de forges, mais qu'elles ont prétendu limiter celle qui serait faite aux colons. Qu'elles prennent garde toutefois, ces personnes, que cette justice *restrictive* ne soit considérée comme une injustice et ne soit retorquée contre elles-mêmes : qu'un jour ne vienne où l'on ne s'appuie sur les motifs qui leur font rejeter la prohibition des sucres étrangers, pour faire rapporter celle prononcée contre les fers laminés ou les fontes épurées. Nous sommes plus conséquens, et avec la minorité de la commission, nous ne voulons l'application des principes que nous invoquons, que parce qu'elle est dans l'intérêt public nous la voulons générale, et qu'elle soit faite aux

que blancs. . . . . 38 fr. 50 c.

Le projet de loi soumis aux chambres propose
de porter ceux-ci comme suit, décimes compris :
Les bruts, à. . . . . 41 fr. 25 c.

Les bruts blancs et terrés de toutes
nuances, à. . . . . 49 fr. 50 c.

Nous voyons par cet exposé :

1°. Que, dans l'état actuel des choses, les sucres bruts blancs, et terrés autres que blancs
d'Asie, qui, équivalent au moins à la qualité
moyenne des terrés de nos colonies, ne paient que
le même droit que ceux-ci, 38 f. 50 c. par 50 kil. ;
et que le sucre brut de l'Inde, que M. de Saint-

---

sucres comme aux grains, aux fers comme aux tissus de
coton, en prohibant de notre consommation tous les produits étrangers de même nature que les nôtres, d'une manière absolue, si nous pouvons nous en passer ; mais seulement d'une manière conditionnelle, si nous ne pouvons
le faire.

Après avoir fait la part de la critique et donné cette
preuve de l'indépendance de notre opinion sur le travail de
la commission, qu'il nous soit permis de rendre hommage
à ses intentions, à la justesse de ses vues, au courage avec
lequel elle en a marqué le but. C'est un pas immense vers
l'amélioration de notre système commercial, vers le développement de notre prospérité nationale ; c'est une conséquence naturelle de l'impulsion donnée à l'esprit public
par un ministère réellement français. Nous devons donc
espérer qu'éclairé par cette heureuse influence, chacun
s'empressera, dans les Chambres comme dans l'administration, de faciliter l'adoption et l'application des mesures
que réclame l'intérêt de l'État, à une époque surtout où
des discours et des écrits mémorables ont rendu manifestes
la prévoyance et le soin qu'apportent les gouvernemens
voisins à protéger, dans cette lutte d'industrie, des intérêts qui rivalisent avec les nôtres, et menacent continuellement de les anéantir.

Cricq déclare être préféré par les raffineurs au sucre de même espèce de nos colonies, n'est cependant surtaxé que de 8 fr. 25 c. par 50 kil. (1).

2°. Que le projet de loi, soumis aux chambres, propose de porter les droits des sucres de l'Inde, pour les bruts de 33 fr. à 41 fr. 25 c., par conséquent de les augmenter de 8 fr. 25 c. Pour les bruts blancs et terrés de toutes nuances de 38 fr. 50 c. à 49 fr. 50 c., par conséquent, de les augmenter de 11 fr...

D'où il résulte que M. le directeur général des Douanes se trompe, en disant (*page* 25) que les sucres français, déjà protégés par une surtaxe de 11 fr. sur les sucres de l'Inde, le seraient encore par 11 fr. de plus. Ces 22 fr. de surtaxe, présentés comme devant protéger suffisamment nos sucres, se réduisent donc pour les bruts à 8 fr. 25 c. d'une part, et 8 fr. 25 c. de l'autre, en totalité à 16 fr. 50 c., et pour les terrés, aux seuls 11 fr. proposés par le projet de loi.

Que, si l'exposé de M. le directeur général des Douanes est aussi évidemment inexact, nous ne pouvons être accusés de forcer les inductions que nous en tirons, en supposant que M. de Saint-Cricq n'est pas entré dans le désir manifesté par le gouvernement de venir au secours de nos colonies, et qu'il n'a pas indiqué les moyens susceptibles de conduire au but avoué du projet de loi

---

(1) Cette circonstance explique pourquoi, depuis longtemps, nos sucres terrés sont si dépréciés. Les raffineurs, dans l'usage qu'ils en faisaient, ont pu y substituer, à bien meilleur marché, les sucres de l'Inde qualifiés *bruts blancs*, et *terrés autres que blancs*. Voilà donc à quoi se réduit l'immense protection que le tarif actuel accorde aux sucres de nos colonies !...

qu'il est chargé de défendre. Suivons cet admi-
nistrateur dans quelques-uns des argumens dont
il a fait usage : ils sont plus spécieux que solides ;
nous aimons à croire qu'ils ne sont pas captieux.

M. le directeur général des Douanes dit, *page* 22 :
« qu'il n'est pas permis de douter que les produits
» des colonies françaises aient obtenu, dans la
» consommation intérieure, cette part privilégiée
» que les tarifs avaient entendu lui réserver,
» puisque, sur 230 millions de kil., formant la
» consommation des six années 1816 à 1821 in-
» clusivement, 195 millions ont été fournis par
» nos colonies, et seulement 35 par l'étranger (1). »

Qu'est-ce que M. le directeur général des Douanes entend ici par part privilégiée dans nos consommations? Est-ce qu'il ne serait pas évident pour
lui, comme il l'est pour tout le monde, que nos
colonies ne pouvant vendre leurs produits qu'en
France, les y vendraient encore, n'y eût-il au-
cune différence entre le droit des sucres étrangers et celui des sucres français? Alors, à la vérité,
le cultivateur français serait bientôt ruiné et la
production cesserait; mais tant qu'elle durerait,
la France consommerait tout ce que nos colonies
produiraient. Ce n'est donc point à la surtaxe des
sucres étrangers qu'elles doivent que la France
consomme leurs sucres; ce n'est pas là non plus
l'espèce de protection qu'elles en attendent, car

---

(1) Nous pourrions demander à M. le directeur général
s'il a pu tenir un compte exact des importations de denrées
étrangères pendant les années de l'occupation. Mais nous
nous sommes imposé l'obligation de prendre les objections dans toute leur force, pour les réfuter d'une manière
plus complète.

c'est une conséquence nécessaire de l'ordre de choses établi entre elles et la métropole. La protection qu'elles en attendent et qu'elles réclament, c'est que par une juste combinaison du droit d'entrée perçu sur leurs sucres, et des restrictions imposées aux sucres étrangers, les premiers soient maintenus sur les marchés de la France au prix reconnu nécessaire pour entretenir la culture du sucre dans nos colonies.

Quand, après cela, M. le directeur général assure, *page 23*, que « l'effet de la loi du 7 juin » 1820 (qui a élevé de 2 fr. 50 par 50 kilogr. la surtaxe sur les sucres étrangers), a été d'en ré- » duire la consommation de 8,400,000 kil. qu'elle » avait été en 1820, à 2,600,000 kil. en 1821, » il est évident que cette assertion, toute spécieuse qu'elle paraisse, n'est pas plus exacte que la précédente. En effet, si les sucres étrangers, qui sont entrés dans notre consommation pour 8,000,000 de kil. en 1820, se sont réduits à 2,000,000 en 1821, c'est que les sucres français se sont abaissés de 70 fr. qu'ils valaient en 1820, à 60 et à 55 fr. qu'ils ont valu en 1821; et si les détenteurs se fussent décidés plutôt à subir cette baisse, ou déterminés ensuite à en supporter une encore plus considérable, il est à présumer que les sucres étrangers eussent été tout à fait exclus de notre consommation en 1821; car les approvisionnemens de sucres français dans nos entrepôts, au commencement de janvier 1822, étaient considérables. Force étant de vendre, ce n'a été qu'en subissant une baisse désastreuse que les sucres français ont obtenu de subvenir, en presque totalité, à notre consommation de 1821. Il est possible que la loi du 7 juin 1820 ait eu pour effet d'arrêter cette baisse à 2 fr. 50 en-deçà du terme

qu'elle aurait atteint sans cela ; mais c'est là tout
ce qu'il est possible de lui accorder, et M. de
Saint-Cricq est par conséquent dans l'erreur, lorsqu'il nous dit que c'est à cette loi qu'il faut at-
tribuer qu'en 1821 les sucres étrangers ne soient
entrés dans notre consommation que pour une
aussi faible proportion.

M. le directeur général des Douanes affirme encore
(*page* 23): « qu'une nouvelle surtaxe sur les sucres
» étrangers ajouterait à l'avantage, déjà assuré à
» nos colonies, d'approvisionner *exclusivement* de
» leurs propres sucres le marché de la métropole,
» celui d'en obtenir un meilleur prix. »

Comme il n'est pas possible de mettre en doute
la bonne foi d'une telle assertion, il faut bien y
reconnaître une contradiction d'idées ou un abus
de mots ; car si les sucres étrangers étaient exclus
de notre consommation, les nôtres ne seraient pas
obligés, pour y arriver, de s'abaisser progressivement à des prix ruineux; d'un autre côté, toute
surtaxe nouvelle sur les sucres étrangers serait
superflue pour augmenter le prix des nôtres, et il
serait alors dérisoire d'en faire la proposition.

Tout ce qu'il est donc possible d'espérer du
projet de loi présenté par M. le directeur général
des Douanes, en admettant qu'il produise tout ce
qu'il est possible d'en attendre, c'est qu'une augmentation de 11 fr. par 50 kil. ait lieu sur les
sucres de nos colonies : or il a été démontré
qu'il y avait déficit de 25 fr.; donc il y aurait insuffisance de moyens.

La commission l'a si bien senti qu'elle propose
d'augmenter cette surtaxe; mais il y aurait encore
insuffisance de moyens dans ce qu'elle propose;
en effet les droits d'entrée sur les sucres de l'Inde

s'établiraient d'après la proposition de la commission, décimes compris :

Les bruts à . . . . 46 fr. 75 c.
Les bruts blancs et terrés à 55   00

Pour déterminer le taux de la surtaxe nécessaire sur les sucres étrangers, il a fallu constater
quel était le prix coûtant, dans nos entrepôts, des
sucres de l'Inde, qui sont ceux le plus à craindre.
L'exposé des motifs du projet de loi (*page* 25),
l'établit à 32 fr., mais les calculs communiqués
par M. le directeur général des Douanes et rap-
portés par la commission, le portent à 36 fr.
30 c. (1).

D'après cela on peut voir qu'en faisant application du tarif proposé par M. le directeur général
des Douanes,

Les sucres bruts de l'Inde, re-
connus avoir en qualité quelque
supériorité sur les nôtres de même
espèce, arriveraient dans notre consommation au prix de . . . . . . 77 fr. 55 c.

Les bruts blancs (2) et terrés de
toutes nuances, d'Asie, équivalant
au moins à la qualité moyenne des
sucres terrés de nos colonies, et su-

---

(1) Nous croyons être certains qu'on peut tirer des sucres de l'Inde à bien meilleur marché, et l'immense différence de ce prix à celui de certaines ventes effectuées der-
nièrement en Angleterre, nous le confirme; cependant,
nous n'avons rien voulu changer aux données de M. de
Saint-Cricq.

(2) Ce sont des sucres clarifiés et purgés de toute mé-
lasse, qui ont déjà subi dans l'Inde une main-d'œuvre
considérable, pour passer de l'état brut ordinaire à l'état
où ils se présentent.

périeurs, de 3o à 4o pour cent, à nos bruts, entreraient dans la consommation à. . . . . 85 fr. 8o c.

Et que d'après la proposition de la commission;

Les sucres bruts de l'Inde y entreraient à . . . . 83 fr. o5 c.

Les bruts blancs et terrés de toutes nuances à. . . . . 9i fr. 3o c.

Ce qu'on peut résumer comme il suit :

Tableau des prix que doivent valoir dans notre consommation, les sucres d'espèce et d'origine spécifiées ci-dessous, pour ne pas laisser de perte au producteur ou à l'importeur, compte tenu des droits auxquels ils sont respectivement soumis :

	SUCRES DE L'INDE.		SUCRES FRANÇAIS.	
	Bruts.	Bruts blancs et terrés.	Bruts.	Terrés.
D'après le projet de loi..	77 fr. 5o c.	85 fr. 8o c.	85 fr.	115 fr.
D'après la proposition de la commission. *	83 5	9i 3o		

Jusque-là nous avons démontré jusqu'à l'évidence que nos sucres bruts n'atteindraient pas à beaucoup près, même d'après la proposition de la commission, le prix de 85 fr.; parce que les *bruts* de l'Inde, et surtout les *bruts blancs* et *terrés* de même origine, supérieurs en qualité de 25 à 3o fr. par 5o kil. aux bruts de nos colonies,

et pouvant , dans tous les usages , être substitués
à ceux-ci , les empêcheraient de jamais approcher
de ce taux. La commission est donc restée , quant
aux moyens proposés, fort en arrière des conclusions auxquelles elle est arrivée par son rapport (1). Mais ce n'est pas tout : nous avons admis, sans discussion, le prix indiqué par M. de
Saint-Cricq et adopté par la commission de 36 f.
30 c. par 50 kilogr. de sucre de l'Inde dans nos
entrepôts. Mais de quel sucre s'agit-il ici ? *de brut,
de brut blanc ou de terré ?* M. de Saint-Cricq
ne le dit pas. Ce renseignement était cependant

---

(1) On doit sentir que ce reproche ne s'adresse pas à la
commission ; et c'est ici le lieu de faire remarquer avec
quel soin on s'est continuellement attaché à égarer l'opinion publique au sujet de la protection accordée par le tarif des douanes aux sucres de nos colonies, en comparant,
relativement aux droits, des espèces tout à fait différentes.
Ainsi l'on affirme, page 23 de l'Exposé des motifs du projet de loi, que les sucres français seront, par le tarif proposé , protégés contre les sucres de l'Inde par une surtaxe
de 22 fr. par 50 kil. Cette assertion paraît être fondée sur
la comparaison du droit existant sur nos sucres bruts avec
celui qu'on propose d'établir sur les sucres *bruts blancs*
et *terrés* de l'Inde ; mais la comparaison est-elle juste ,
l'assertion est-elle exacte , quand il existe sur nos marchés,
en faveur de ces derniers , une différence de prix résultant
de la supériorité d'espèce , qui n'est pas moindre de 30 fr.
par 50 kil. ?

On a dit à la commission qu'il était inutile , dans l'exa-
men du tarif proposé, de s'attacher à la catégorie des sucres
de l'Inde venant des établissemens français, parce qu'il n'en
venait jamais, et qu'il ne s'en fabriquait pas dans ces établissemens. Il est assez singulier de nous trouver conduits à
contester des faits à l'autorité qui seule peut les constater of-
ficiellement ; mais est-il vrai ou faux que , depuis 1816 , il
a été importé directement de Chandernagor en France,
par bâtimens français , des quantités considérables de

nécessaire, et peut singulièrement modifier la question, en changeant les termes de comparaison. Au reste, nous en avons assez dit pour prouver que la surtaxe, même au taux proposé par la commission, serait insuffisante : il nous reste à prouver combien il est difficile, pour ne pas dire impossible, de déterminer avec précision le taux nécessaire de cette surtaxe.

La fixation du droit d'entrée indispensable, pour élever le sucre étranger, dans notre consommation, au-dessus du prix voulu pour le sucre français, dépend non-seulement d'une appréciation de qua-

---

sucres de l'Inde ? Nous le demandons à M. de Saint-Cricq. Il nous dira peut-être aussi quel serait le droit qu'on appliquerait au sucre importé par un bâtiment français, venant de Chandernagor, dont la cargaison aurait été achetée, comme elle doit l'être nécessairement alors, des négocians de Calcutta, ou de leurs facteurs dans l'intérieur, livrée à bord, même du bâtiment, au passage des allèges devant Chandernagor, et expédiée de-là pour France. N'est-ce pas le moindre droit qu'on appliquerait ? C'est donc celui-là spécialement qu'il faut prendre en considération. On dit qu'il n'en arrive pas : il est vrai que les importations de sucre du Bengale ont été temporairement arrêtées par le privilége inoui, accordé pendant plusieurs années aux importations de Manille et de la Cochinchine. Mais celles-ci ayant cessé, les autres recommenceront, si le tarif n'en dispose autrement. M. de Saint-Cricq sait tout cela comme nous, et mieux que nous ; mais comme il n'a pas jugé à propos de l'apprendre à la commission, il n'a pas dû se soucier qu'elle l'apprît d'ailleurs. Il a été entendu ; rien de plus juste : les colons l'avaient été aussi. Mais s'il était vrai qu'il eût insisté pour être présent aux délibérations de la commission, les colons qui ont pu craindre qu'il ne devînt partie contre eux, n'étant pas admis à discuter ses assertions et ses argumens, ont pu croire qu'ils avaient perdu tout l'avantage de leur cause auprès de la commission.

lité dans les mêmes espèces, mais elle dépend surtout du prix coûtant de cette denrée. Ce prix coûtant est une donnée variable et incertaine : cependant on la prend comme certaine et positive; et si, comme l'assure M. le directeur général, *le monde surabonde de cette denrée*, il n'y a même pas moyen d'évaluer par approximation les variations qui peuvent survenir dans sa valeur. La baisse sera progressive et continuelle par l'effet naturel de la concurrence. Ainsi, telle surtaxe qui serait suffisante aujourd'hui, ne le sera probablement plus dans trois mois ou dans six mois.

Nous avons démontré que les moyens indiqués par la commission, et à plus forte raison ceux proposés par le projet de loi, sont insuffisans pour atteindre le but que le gouvernement et la commission se sont proposé, qui est d'empêcher les sucres étrangers d'entrer dans notre consommation, jusqu'à ce que les nôtres aient atteint le prix reconnu nécessaire pour entretenir la culture de cette denrée dans nos colonies. Nous avons de plus démontré qu'à l'application ces mêmes moyens devenaient incertains et qu'ils pourraient y subir des variations qui les rendraient tout à fait illusoires. Il ne nous reste plus qu'à indiquer ce qu'il faut faire pour y remédier.

Il ne s'agit que d'ajouter aux mesures proposées par le gouvernement et par la commission, une disposition qui en est le complément naturel et nécessaire, en exprimant que les sucres étrangers, dans aucun cas, ne pourraient passer de l'entrepôt à la consommation, qu'autant que les sucres français auraient valu, sur nos marchés, pendant trois mois, le prix nécessaire déterminé par la loi. (1)

____

(1) On a objecté qu'il serait difficile de constater la

Ce moyen est sûr, définitif, et il agirait avec fixité dans une matière où rien de variable ne doit exister; mais comme il n'agirait que progressivement et que le mal est tel qu'il réclame un prompt secours, il est urgent d'en faciliter le succès par une diminution immédiate du droit actuel sur nos sucres. Cette réduction, quelle qu'en fût la quotité, ne manquerait pas d'avoir un très heureux effet. Nous proposons de la limiter à 5 fr. en réduisant le droit qui est de 24 fr. 75 c. pour les bruts et de 38 fr. 50 c. pour les terrés, à 19 fr. 75 c. pour les uns et 33 fr. 50 c. pour les autres, jusqu'à ce que la loi ait produit son effet : le droit serait alors rétabli au taux actuel.

Cette proposition fut faite à la chambre dans la dernière session. M. le directeur général des Douanes, s'y opposa de toutes ses forces. Craignant sans doute qu'elle ne soit renouvelée cette année, il reproduit à l'avance ses moyens d'opposition. Ils se réduisent à deux : 1° Le trésor y perdrait plusieurs millions; 2° Cette réduction, quelle qu'elle fût, ne profiterait pas au colon pour un denier.

De ces deux objections la première seule, nous paraît spécieuse. Nous la croyons cependant susceptible d'être réfutée; mais nous examinerons d'abord la seconde qui rendrait, si elle était fondée, inutile de nous occuper de la première.

---

valeur des sucres sur nos marchés. Rien de plus facile; les chambres de commerce la constateraient sur chaque place, tous les mois, par les livres de vente des courtiers de commerce : le prix moyen de ces ventes fixerait le cours du sucre sur chaque place, et le prix moyen des cours ainsi constatés au Hâvre, à Nantes, à Bordeaux et à Marseille, fixerait le prix moyen définitif.

M. de Saint-Cricq dit (*page 42*) « que le prix
» du sucre se compose de deux choses parfaite-
» ment distinctes, sa valeur première qu'il appelle
» valeur intrinséque, et le droit que le fisc lui
» demande; qu'on peut, les proportions restant
» d'ailleurs observées entre l'origine étrangère et
» l'origine coloniale, élever ou diminuer le droit
» sans que la valeur première en soit aucunement
» altérée. » M. de Saint-Cricq fait ainsi de cette
valeur première un terme invariable, et en con-
clut que le colon ne profiterait pas pour un denier de la réduction du droit.

Nous ferons à M. de Saint-Cricq une réponse
cathégorique.

Lorsqu'il y a sur un marché concurrence entre
les vendeurs, la valeur vénale d'une marchandise
varie au profit des acheteurs; lorsqu'au contraire
la concurrence existe entre les acheteurs, c'est
au profit des vendeurs que cette variation a lieu.
Cette valeur vénale n'est donc, généralement parlant, jamais fixe. Elle se compose, quant au sucre,
d'un droit d'entrée et de ce qu'on a appelé sa valeur intrinséque : or le droit est invariable; donc
cette valeur première ou intrinséque, loin d'être
invariable comme le suppose M. de St.-Cricq, est
essentiellement variable.

Faisant application de cette vérité au cas spécial
qui nous occupe, qu'en résulte-t-il?

Que s'il y a sur nos marchés, à l'égard du sucre,
concurrence entre les acheteurs, la réduction du
droit profitera toute entière au vendeur, c'est-à-
dire au colon; et tant qu'il y aura rapport gardé
entre la demande et l'offre, cette réduction lui
profitera toujours, du moins pour la majeure partie, parce qu'il n'y aura pas cause de baisse

Que si, au contraire, il y avait concurrence

entre les vendeurs, la réduction ne leur profiterait que peu ou point du tout.

Mais cette concurrence entre vendeurs ne peut exister que dans deux cas : 1° si les sucres étrangers entraient dans notre consommation avant que les nôtres eussent atteint le prix nécessaire déterminé par la loi ; et alors ce serait une preuve que les mesures restrictives proposées seraient insuffisantes ; 2° si la production dans nos colonies excédait notre consommation ; mais M. le directeur général nous assure le contraire, et la loi est calculée dans cette hypothèse.

Donc la réduction du droit, si elle avait lieu, profiterait au colon, ou bien la loi, telle qu'elle se présente, est fausse dans son principe comme elle l'est dans ses dispositions.

Examinons actuellement la principale objection de M de Saint-Cricq : le fisc y perdrait plusieurs millions.

Il nous semble qu'on peut soutenir avec avantage que tout ce que le trésor perdrait par la douane, lui rentrerait, et au-delà, par des augmentations de perception dans d'autres branches du revenu public, qui souffrent du mal auquel il s'agit de remédier. Mais qu'il nous soit permis de faire remarquer :

Que la production et la consommation, seules sources de revenus pour un État, ne se développent que par l'action et la réaction continuelles de l'une sur l'autre ; qu'elles demandent à être encouragées par l'aisance que le travail et la circulation répandent dans toutes les classes ; que, pour consommer, il faut d'abord produire ; qu'ainsi, la véritable limite de l'impôt que l'on peut lever sur la consommation, est déterminée par le taux de celui que la production peut supporter, et qu'un impôt calculé d'après ces données, en même temps qu'il est le plus raisonnable, est incontestablement le plus fécond, parce qu'il est le seul durable : et nous aurons, par ce petit nombre d'observations, détruit complétement l'objection principale de M. de Saint-Cricq contre la réduction du droit sur nos sucres. Il faut en convenir, nous n'avions pas besoin de la combattre ; car la question préalable, celle relative à la convenance de conserver nos colonies étant résolue, et le gouvernement ayant exprimé sa volonté à cet égard, il n'a dû entendre les conserver que sous les conditions indispensables de leur existence.

La plus essentielle de ces conditions est que leurs produits obtiennent, sur nos marchés, les prix nécessaires pour maintenir la culture dans nos colonies.

Nous avons établi et la commission a reconnu que 85 fr. par 50 kilog. était le prix nécessaire pour le sucre, et que cependant il n'en vaut actuellement que 60.

Nous avons démontré que les moyens proposés, tant par le projet de loi que par la commission, étaient insuffisans pour l'élever à ce taux, et qu'il fallait, pour y parvenir,

1° Ne permettre l'entrée des sucres étrangers dans notre consommation qu'autant que les nôtres auraient atteint la limite déterminée ;

2° En attendant, réduire de 5 fr. le droit sur les mêmes sucres.

Là finit notre tâche : nous attendrons actuellement avec soumission ; mais avec toute la confiance que doit inspirer une aussi juste cause, la décision supérieure qui va rendre l'existence à nos colonies ou les ruiner sans retour.

FIN.